LA RÉPUBLIQUE PAR LA LOI

Paris. — Imp. Émile Voitelain et Cie, rue J.-J.-Rousseau, 19.

Paris. — Imp. Émile Voitelain et C°, rue J.-J.-Rousseau, 61.

LA
RÉPUBLIQUE
PAR LA LOI

PAR

Louis Mie

L'Empire a sur lui l'immense regard
fixe de Paris républicain.

FRANÇOIS-VICTOR HUGO.

A. LE CHEVALIER	E. FOURAIGNAN
Éditeur	Librairie moderne
61, RUE DE RICHELIEU	PLACE DE LA COMÉDIE, 3
PARIS	BORDEAUX

1870

LA RÉPUBLIQUE PAR LA LOI

PAR

Louis Mié

« L'Empire a sur lui l'amnistie regard[e] »
éxe de Paris républicaine.
François-Victor Hugo.

A. LE CHEVALIER	E. FOURAIGNA...
Éditeur	Librairie moderne
61, RUE DE RICHELIEU	PLACE DE LA COMÉDIE 3
PARIS	BORDEAUX

1870

A CHARLES HUGO

A FRANÇOIS-VICTOR HUGO

Il y a quelques mois, à la table hospitalière du grand proscrit votre père, nous avions formé le projet d'aller saluer dans son austère exil celui qui a pendant si longtemps mis sa force au service du Droit, Barbès, religion de ma jeunesse, vénération de mon âge mûr.

Vous savez quels devoirs de paix et de Liberté ont modifié notre itinéraire.

Depuis le jour où le Congrès de Lausanne m'a montré les hommes de bons désirs unis dans les sentiments de la fraternité puissante, j'ai songé bien souvent aux prodiges que pourrait accomplir l'union des travailleurs ayant pour objectif la République.

J'ai essayé de formuler ma pensée dans ce tout petit livre que je vous adresse.

Acceptez-le comme un souvenir d'une affection bien vive ; voyez dans mon offre l'expression de la sympathie profonde que vous m'avez inspirée, et permettez-moi de me dire :

Fraternellement à vous.

Louis MIR.

Périgueux, le 9 janvier 1870.

LA RÉPUBLIQUE

PAR LA LOI

I

Ma dynastie.
Ta dynastie.
Sa dynastie.
Notre dynastie.
Votre dynastie.
Leur dynastie.

Voilà ce que le monde épèle depuis cinquante siècles !

Cet essaim énorme d'êtres qu'on nomme l'humanité, est laborieux comme un groupe d'abeilles, patient comme un troupeau de bœufs, spirituel comme une nichée de diables ; il a pour lui le courage, la force, l'esprit ; il travaille, souffre et plaisante avec une égale persévérance, et lentement, impassible dans ses agitations même, il s'avance vers le but que l'avenir lui réserve, mais il est étrangement naïf !

Ces êtres soutenus dans l'espace par d'immuables lois, ces vivants accrochés à leur domaine par une invincible force d'attraction physique qui leur dit : il est à vous! ne savent pas le vouloir pour eux tous et ils le laissent à quelques-uns; — ces quelques-uns sont ceux qui s'en vont répétant : ma dynastie ou leur dynastie, suivant qu'ils parlent d'eux ou de Messieurs leurs bons frères. Dans la plus petite des parties du monde, ces privilégiés sont au nombre de douze, les naïfs se chiffrent par trois cent millions.

Qu'est-ce donc qu'une dynastie?

Une dynastie, c'est un homme qui règne, dont le fils régnera, dont les petits-fils et arrière-petits-fils régneront. — Vieux ou jeunes, honnêtes ou malhonnêtes, braves ou lâches, intelligents ou crétins, ils régneront parce qu'ils sont les dynastes et que la Providence veut qu'ils règnent, — demandez plutôt à la Providence.

Qu'est-ce qu'il faut pour faire une dynastie?

Un homme hasardeux, une femme qui accepte son lit, et la fécondité; pas autre chose.

L'homme hasardeux viendra, le sourire et le serment aux lèvres; s'il porte au front l'auréole parfois menteuse de l'exil, debout au seuil de la patrie qui lui rouvre sa porte, il dira : C'est un fils respectueux qui t'offre son amour et son dévouement. Trois ou quatre ans plus tard, saisissant d'une main la patrie à la gorge, il lui dira : Je te sauve! Et pendant les convulsions de l'étranglement, de l'autre main, il se coiffera d'une

couronne : prix du sauvetage. — L'opération fi-
nie, cet homme s'appellera Majesté, car la nation
meurtrie lui donnera ce titre ou le lui laissera
prendre. — Il choisira une femme étrangère au
pays conquis par lui; ses enfants ne seront pas
du sang de ses sujets; demain peut-être un enfant espagnol et corse gouvernera la France, et
les Français diront : C'est la dynastie impériale.

La dynastie est donc la réunion d'un homme
et d'une femme qui seront deux Majestés et qui
se perpétueront telles, quelles qu'elles soient,
d'où qu'elles viennent. — Sur leur passage, quarante millions d'hommes se courberont, ces quarante millions d'hommes s'inclineront aussi sur
le passage des enfants et des petits-enfants de
cet homme et de cette femme; le laboureur,
l'ouvrier, le bourgeois travailleront pour fournir
à leur table et à leur garde-robe; ils sueront et
travailleront pour la garde-robe et la table de
ceux que le majestueux appellera ses fidèles, car
il aura des fidèles qui lécheront sa main ; les
hauts dignitaires de l'armée baiseront pieusement le bout des doigts de leur enfant qui sera
prince, du jour où il aura sali ses premiers lan-
ges; — les fronts blanchis de la magistrature
s'inclineront devant lui; la bouche de la Justice
lui dira : Monseigneur! Les prêtres vénérables
lui offriront leur encens et leurs génuflexions,
Dieu parlant par leur bouche dira de cet enfant : Son Altesse !

Une dynastie doit être glorieuse, il lui faut pour cela des guerres, beaucoup de guerres; le dynaste fera donc la guerre, et, lorsque cinq cent mille hommes seront morts, les pièces de monnaie de la nation mettront au front du monarque une couronne de laurier; pendant ce temps les cinq cent mille hommes pourriront et les mères recommenceront une génération nouvelle pour que vingt ans plus tard, le fils du dynaste puisse avoir aussi sa couronne de laurier sur une pièce de cent sous; quant aux pères, ils travailleront pour qu'à cette époque la dynastie puisse acheter les fusils qui tueront les fils des autres.

Pour qu'une dynastie soit vénérée, il lui faut des prêtres, beaucoup de prêtres; elle les aura, car le monarque doit être le fils de l'Église pour être un petit-fils de Dieu; il le sera; c'est par sa grâce qu'il régnera sur le peuple; les prêtres le diront, et le peuple paiera les prêtres. C'est bien juste.

Si l'on consulte une dynastie sur son utilité, elle répondra : Je suis plus qu'utile, je suis nécessaire! La nation le croira, car l'on peut sonder les profondeurs de l'Océan, mais non pas celles de la bêtise humaine, et la nation paiera cette dynastie nécessaire. Depuis dix-huit ans nous avons donné à la nôtre, cinq cent quarante millions et les couronnes. C'est pour rien. Il y en a comme cela une douzaine en Europe; ces douze familles, que la grâce de Dieu nous donne, mangent tous les ans *cent quatre-vingts millions*, tous les dix ans *dix-huit cent millions*, le budget annuel de quarante millions d'hommes! C'est peu ; l'année prochaine elles tâcheront de mieux faire.

Cet argent, au reste, n'est pas toujours mal dépensé ; le prêtre, qui dit la messe à l'un de ces maîtres augustes, reçoit de lui *cent mille francs* par an, mais il lui enseigne la charité, et le maître écrit des traités sur l'extinction du paupérisme ; le pauvre, qui ne lit pas les traités et n'entend pas les sermons, paie les cent mille francs ; cela doit être ; demandez plutôt au prêtre qui les reçoit.

La dynastie ne meurt pas, mais si un matin son chef se réveille, gêné dans les parties nobles, quarante millions de citoyens vivent ou meurent des angoisses de sa vessie, l'industrie et le commerce laissent retomber leurs bras désespérés, la nation pâle, anxieuse ou frémissante se tâte le pouls ; puis, lorsque, grâce à la sonde sacrosainte, l'homme au sceptre a évacué, le peuple souverain respire, il est sauvé pour vingt-quatre heures. — *Te Deum laudamus!*

La dynastie est de son principe éternelle ; de 1830 à 1848, la France en a enterré deux ; en Espagne, bientôt, on ne comptera plus ce genre de cérémonies.

En France, les trois derniers dynastes se sont appelés Charles, Philippe et Louis. Rois de droit divin, Rois de droit bourgeois, ou fils de Décembre, chacun d'eux a proclamé l'immortalité de sa race devant une foule de gens dorés et souples qui, respectueux et inclinés, lui disaient : Sire, vous avez raison ! On a mis Charles à la porte, on a jeté Philippe par la fenêtre, et les mêmes gens souples, dorés et convaincus, murmurent à l'oreille de Louis, qui regarde l'avenir : Sire, il est évident que votre race est immortelle ! L'avenir muet laisse dire, et la nation, qui paie les galons de ces serviteurs, regarde si la fenêtre est ouverte.

De Charles, de Philippe ou de Louis, consultez l'un des trois, et il vous dira, en parlant des deux autres : Ces gens-là ne sont pas la vraie dynastie ; ils sont la boutique en face ; je suis le seul providentiel ! Et de hauts personnages, qui reçoivent pour cela trois cent mille francs par an, répéteront après lui, comme un écho fidèle : Lui seul est le vrai Jean-Marie, lui seul est providentiel !

Interrogez les gens bien pensant et bien pensionnés, et ils vous répondront : La dynastie, c'est la sécurité et la stabilité !

Interrogez les nations, et les nations répondront : La dynastie, c'est la guerre avec toutes ses chances horribles, la misère avec toutes ses angoisses !

Angleterre, qu'est-ce que la dynastie ? — C'est l'Irlande affamée, l'Irlande avec ses imprécations que le gibet ne peut éteindre.

Russie, qu'est-ce que la dynastie? — C'est la Pologne assassinée, la Pologne, spectre qui proteste et qui maudit au nom de la justice et de l'humanité méprisées!

Prusse, qu'est-ce que la dynastie? — C'est le groupe des petits peuples volé, dépouillé; c'est la main dans la poche du voisin; c'est la force triomphante et le droit conspué; c'est le fusil à aiguille devenu institution!

Autriche, qu'est-ce que la dynastie? — C'est le souvenir de l'Italie asservie, du patriotisme fusillé, de la liberté nationale étouffée, de Venise pleine de sang et de malédictions; c'est la Hongrie bâillonnée, c'est la Dalmatie insurgée!

Espagne, qu'est-ce que la dynastie? — C'est la lutte éternelle, le sang partout, dans la rue, dans l'église, c'est le soldat mitraillant le peuple, c'est le prêtre le fusillant, — c'est la monarchie et Dieu jouant à qui tuera le mieux, et-là bas, au fond de l'Océan, c'est Cuba égorgée, Cuba le flanc ouvert et qui ne veut pas mourir!

Italie, qu'est-ce que la dynastie? — C'était, il y a quelques années, la tourbe des princes serviteurs de l'étranger dominant une nation généreuse, emprisonnant ses plus énergiques enfants, exilant ou tuant les autres et livrant à la police servile le sol sacré du vieux monde républicain. — C'est aujourd'hui le roi galant homme gardant la Sicile sous son sceptre de soudard et renvoyant ses armées contre celui qui l'avait conquise pour la faire libre, — c'est Aspromonte cynique fusillant Marsalla glorieux!

France, ô pauvre et chère France, qu'est-ce que la dynastie? — C'est Brumaire et son viol éhonté; c'est la grande armée républicaine dévorée; c'est l'invasion déshonorante de l'étranger; c'est la terreur blanche qu'elle apporte, ce sont les assassinats des Verdets, les échafauds politiques buvant le sang des jeunes et des généreux; les patriotes bâtonnés, emprisonnés, fusillés, guillotinés; c'est la rue Transnonain sinistre, le cloître Saint-Merri sanglant, Lyon arborant le drapeau noir de la faim; c'est la presse décimée; c'est la colère partout, l'indignation partout, la haine dans tous les cœurs. C'est le peuple armé contre le peuple, le soldat contre l'ouvrier, l'uniforme contre la blouse et la veste; c'est, depuis quatre-vingts ans, des pavés qu'on arrache et des trônes qu'on brûle, des pavés qu'on replace et des trônes qu'on radoube; c'est 1792 effacé par le Corse, 1830 étouffé par le Roi bourgeois, 1848 mitraillé par Louis Décembre; c'est l'exil dévorant nos poëtes, nos historiens, nos philosophes, nos penseurs; c'est Cayenne, Lambessa, Noukahiva recevant le dernier soupir des défenseurs du droit, c'est Mazas remplaçant la Bastille!

C'est douze cent mille hommes prêts à tuer ou à mourir sur un signe du maître; c'est la Crimée dont les champs reverdissent fumés par nos fils morts; c'est la Chine pillée par nos armées; c'est le Mexique avec le typhus, la fièvre jaune, le vomito-négro, le fossé de Queretaro pour souvenir, et le doigt menaçant de l'Amérique pour humiliation; c'est Mentana avec ses merveilles et ses remords!

C'est l'emprunt et la dette chaque jour plus envahissants, l'État obéré, les départements obérés, les communes obérées!

C'est la distribution scandaleuse du produit de l'impôt; le militaire haut gradé, l'ambassadeur, le prince de l'Église puisant à la caisse nationale deux, trois, quatre cent mille francs chacun et l'instituteur misérable et oublié recevant une aumône de six cents francs.

C'est l'industrie, c'est le commerce inquiets, troublés, agonisants; c'est à Paris, deux cents faillites par mois!

C'est le producteur travaillant dans la misère et sous la menace, ses fils dont la jeunesse s'atrophie dans les fabriques, leurs sœurs dont la beauté devient un capital qu'escomptent la débauche et la faim; c'est le boulevard plein de filles, c'est Aubin et la Ricamarie pleins de cadavres; c'est la grande malédiction du prolétaire déguenillé qui sue pour nourrir les galonnés inutiles!

La dynastie, c'est l'anxiété, le trouble, les luttes fratricides, la loi violée, le parjure cynique, les barricades et les coups de fusils, l'abattement désespéré ou la révolution périodique! — La révolution, avec ses colères, ses indignations, ses déchirements, ses haines; l'abattement, avec son abdication de toute dignité sociale, ses humiliations et ses terreurs déshonorantes!

La dynastie, c'est un couple qui pèse sur la nation de tout le poids de sa volonté souveraine, d'une main arrachant douze cent mille soldats, de l'autre offrant cinq mille jésuites; — traînant la mort, faisant la nuit!

Voilà ce que crie le passé, voilà ce qu'atteste l'histoire, voilà ce que commence à savoir le peuple, voilà ce qu'il affirme par cent mille voix dans quatre circonscriptions de Paris, à l'heure même où sa gracieuse souveraine, la blonde Espagnole, voyage à raison de vingt-cinq mille francs par jour chez les Turcs silencieux et ruinés, à l'heure où son époux sexagénaire, gai de l'impériale et sombre gaîté qui survécut au 2 décembre, danse la boulangère au milieu des siens, — des siens que nous payons comme lui pour le bonheur qu'ils nous donnent.

Et pendant que les monarques s'en vont répétant: ma dynastie, ta dynastie, sa dynastie, les peuples émus, frémissants, voient s'agiter le linceul de celle qu'ils appelaient la grande morte! l'assassinée toujours vivante, — la République!

II

Qu'est-ce que la République?
Le contraire de la dynastie.

III

Avons-nous le droit de vouloir?

Oui!

Oui, car vouloir est l'essence même de l'homme; c'est sa dignité, c'est sa grandeur. L'animal vit et subit, l'homme vit et veut, sa volonté n'a de limites immatérielles que celles imposées par les volontés des autres groupées, affirmées dans l'intérêt général, et formant l'être moral qu'un mot vénérable désigne : la loi.

Avons-nous le droit de vouloir la République?

Oui !

Oui, car la loi nous laisse tout-puissants pour la vouloir. Au-dessus des pouvoirs de passage et de rencontre, elle en a proclamé un indiscutable, inéluctable, souverain, éternel, fils de l'universelle conscience, aussi incapable de se détruire que d'abdiquer la volonté nationale. Tous les autres dérivent de celui-ci; là où il n'est pas, il n'y a qu'usurpation, viol et vol. Ses manifestations sont de tous les siècles, de toutes les années, de toutes les heures ; seul il peut grandir les petits et abaisser les superbes ; tout vient de lui, tout revient à lui, tout, même les constitutions.

Qu'est-ce qu'une constitution ?

Pour l'homme du monde, pour le fonctionnaire, pour le philosophe, pour le juriste, pour tous, en un mot, une constitution n'est que l'incarnation accidentelle de la volonté populaire.

Incarnation de la volonté populaire, par là elle est tout, sans cela, rien.

Incarnation accidentelle, comme tout ce qui est humain, sans cela elle proclamerait l'immuable ; or dans la vie sociale, l'immuable, c'est la négation du progrès, c'est l'absurde.

Être accidentelle, c'est être perfectible. La Constitution de 1852, comme toutes les constitutions, est perfectible. Lorsqu'elle naquit, la République était gisante ; le fusil, la prison, l'exil, avaient fermé la bouche à ses défenseurs. Les pontons regorgeaient ; Cayenne accomplissait son œuvre d'étouffement, les commissions mixtes avaient parlé ; debout dans le sang et la terreur, un homme dictait, son Corps législatif écrivait, son Sénat comptait les feuillets remplis, les estampillait et disait : ceci est la liberté publique ! Eh bien ! à cette heure même, à cette heure lugubre de l'année 1852, où se forgeait une constitution sur le cadavre de la République, le principe de la souveraineté nationale vivait et s'affirmait. On le savait si impérissable, on le sentait si majestueux ;

on le voyait si grand, que ceux-là qui avaient tout défié, se courbaient devant lui ; ils voulaient venir de lui, et le disaient. Jamais peut-être hommage plus étrange mais plus significatif ne lui avait été rendu.

En tête de la Constitution de 1852, on lit ces mots : « *Faite en vertu des pouvoirs* DÉLÉGUÉS *par le peuple français à L.-N. Bonaparte !* »

À l'article 5 : « *Le président de la République est* RESPONSABLE *devant le peuple français auquel il a toujours le droit de faire appel.*

À l'article 32 : « *Néanmoins sera soumise au suffrage universel toute modification aux bases fondamentales de la Constitution, telles qu'elles ont été posées dans la proclamation du 2 décembre, et adoptées par le peuple français.* »

Dans un des derniers paragraphes de la proclamation qui devait servir de préambule au pacte nouveau et que signait la main de Louis Bonaparte, l'hommage au pouvoir souverain grandissait encore : *La Constitution...... n'a fixé que ce qu'il était impossible de laisser incertain. Elle n'a pas enfermé dans un cercle infranchissable les destinées d'un grand peuple : elle a laissé aux changements une assez large voie pour qu'il y ait dans les grandes crises, d'autres moyens de salut que l'expédient désastreux des révolutions.*

..... Ainsi le peuple reste toujours maître de sa destinée. Rien de fondamental ne se fait en dehors de sa volonté.

Le 2 décembre 1851, sur d'autres placards souillés de sang, ceux qui s'arrêtaient dans la boue rougie des boulevards avaient au reste pu lire cette pensée signée du même nom : « *Mon devoir est de..... maintenir la République et de sauver le pays en invoquant le jugement solennel du seul souverain que je reconnaisse en France, le Peuple !* »

En 1836, aux cris de Napoléon II avait eu lieu l'échauffourée ridicule de Strasbourg. Celui qui à cette époque avait voulu se faire passer pour le fils de Napoléon fut condamné : Louis-Philippe le gracia, il lui laissa la vie et lui envoya seize mille francs en or pour son voyage. Louis Bonaparte les empocha et partit. Seize ans plus tard, le gracié de 1836 signait le décret du 22 janvier 1852 qui confisquait les biens des fils de Louis-Philippe. Je ne lui en veux pas, étant de ceux qui croient que tous les biens des familles régnantes ou ayant régné appartiennent à ceux qu'elles appelaient leurs sujets, ne fût-ce qu'à titre de dommages-intérêts, mais je constate que dans ce décret, lourd pour lui, l'ancien président de la République française atteste que Louis-Philippe fut roi *par la volonté nationale*, comme il écrivait trois ans plus tôt lorsqu'il offrait à la France « *son épée,* » que *la volonté nationale* avait chassé Louis-Philippe.

Donc, qu'il s'agisse de Louis-Philippe ou de Louis-Napoléon, du Roi d'hier ou de l'Empereur d'aujourd'hui, de la charte ou de la constitution, il y a au-dessus de leur puissance de fait un pouvoir de droit : celui du peuple, *le seul souverain que je reconnaisse en France*, ainsi que l'écrivait en décembre le dynaste d'aujourd'hui.

Éternelle justice, toi seule est forte, toi seule est grande! — Que t'importent les événements et les hasards de l'ambition? Que peuvent te faire les menaces du sabre et les beuglements du canon? Les événements! tu les dédaignes ; les ambitions! tu les courbes; le sabre! tu le brises; le canon! tu le domines. — Calme au milieu du bruit, ferme dans la terreur, impassible devant les colères comme devant les humiliations, tu marches vers l'avenir, et te voyant passer dans la nuit funèbre de Décembre, l'homme qui vient de chasser la représentation nationale de France s'incline et écrit ces mots que ta voix souveraine dicte :

« *Le peuple reste toujours maître de sa destinée!* »

Ainsi, avant tout et dominant tout : la volonté nationale! au-dessus du peuple : rien! tout par lui! telle est la loi.

Quel est donc celui qui osera lui dire : Tu n'as pas le droit de vouloir! et si le peuple veut la République, quel est l'audacieux qui mettra sa volonté solitaire en travers de la volonté collective et souveraine?

Est-ce la justice [illegible] qui seule est forte, soi [illegible] [illegible] que [illegible] les électeurs [illegible] [illegible] [illegible] que peuvent le faire les masses du serbe et les benjilements d'occa- sion ? Les évêquants! tu les dédaignes; le em- billons; tu les courbes; le sabre! tu le brises; le canon [illegible] tu le remues. — Calme au milieu du bruit, ferme dans le terrain, impassible devant les voleurs [illegible] devant les humiliations, tu marche vers l'avenir, et tu voyant passer dans le nuit funèbre de libérable [illegible] l'homme qui vient de chasser la représentation nationale de France s'incline et défile [illegible] ls que la voix souveraine dicte :

« L[illegible] à sa place mettre de sa déci- [illegible] »

Ah! [illegible] proclamant tout : la volonté nationale [illegible] la masse du peuple : rien! tout par lui! telle est la loi.

Quel est donc celui qui osera lui dire : Tu n'as pas le droit de vouloir! et si le peuple veut la République, quel est l'audacieux qui mettra sa volonté solitaire en travers de la volonté collective et souveraine?

IV

Le peuple veut-il la République ?

Le 24 Février 1848, vers la fin du jour, appuyé sur le bras de ma mère et convalescent, je sortais du collége d'Angoulême. Dans les rues que nous traversions, des groupes se formaient ; on causait, on s'interrogeait, on discutait. — Les uns souriaient, les autres étaient pâles. Qu'est-ce ? — Sur le seuil d'une porte, deux femmes âgées parlaient avec une extrême volubilité. J'entendis l'une qui disait : « *Oui, Madame, oui, le roi vient de donner sa démission !* » Un Roi qui donne sa démission est une chose rare, on y croit peu. « Allons vers la mairie, allons-y vite, dis-je à ma mère. » — Quelques minutes avant ces mots, je pouvais à peine marcher, en les disant, je me mis à courir. — En passant sur la place de l'Hôtel-de-Ville, nous vîmes les grands bras noirs du télégraphe éclairés par un rayon de soleil et qui s'agitaient ; devant la porte de la maison commune nous trouvâmes une foule compacte qui attendait. Quelques instants s'écoulèrent ; dans cette foule il y avait de la curiosité et de l'émotion, mais on ne sentait pas cette anxiété suprême de ceux qui assistent à un enfantement. — Un vieillard, — oh! je le vois encore, — sortit, et la tête nue, les bras levés vers le ciel, il s'écria : Citoyens! vive la République!

Nous étions là cinq cents, et cinquante peut-être nous répondîmes : « Vive la République! »

Depuis ce jour vingt et un ans ont passé! vingt et un ans pendant lesquels les cent voix de la presse officielle ont glorifié le maître, le sauveur, l'homme aux douze cent mille soldats; vingt et un ans dont un seul jour ne s'est écoulé sans qu'il apportât à la République et aux républicains un outrage ou une morsure, et cependant si demain le grand cri de 1792 se faisait entendre au seuil de l'Hôtel-de-Ville de Paris, l'écho des quatre-vingt-neuf chefs-lieux de France le répéterait avec le frémissement enthousiaste de la délivrance.

[illegible] fut presque de l'étonnement qui [illegible] République. Il devait en être ainsi : [illegible]cle s'était écoulé depuis la grande [illegible] avait soutenue pour la liberté du [illegible] pendant ce demi-siècle toutes les forces des intelligences monarchiques s'étaient groupées pour effacer ou dénaturer son souvenir. Les *ren-trants* de 1815 avaient trouvé la nation fatiguée,

harassée, ruinée par les fantaisies et les fureurs
guerrières de Napoléon ; ils exploitèrent cette las-
situde et ce dégoût ; en gens habiles, ils confon-
dirent l'admirable mouvement qui avait fait la
France si libre et si puissante avec la vie de celui
qui l'avait détournée de son but ; — ils accablèrent
des mêmes malédictions la République qui les
avait chassés et le soldat qui avait assassiné la
République ; ils se servirent de l'homme détesté
pour la rendre détestable. Lorsque leur œuvre
fut ainsi préparée, ils évoquèrent le souvenir des
douleurs subies ; devant ce peuple autrefois esclave ou serf, alors nation, ils travestirent les
choses et les hommes ; de même que les derniers
soldats valides de l'armée française n'étaient plus
que des *brigands*, de même les juges de la Con-
vention nationale qui avaient prononcé un arrêt
solennel devant l'Europe menaçante, ne furent
que des assassins et des *régicides*. — Les livres,
les journaux et les écoles des rentrants livrèrent
aux malédictions et aux calomnies ces grands
citoyens dont Lamartine disait trente ans plus
tard : « Ils furent les ouvriers de l'avenir ; » ils
insultèrent à la fois, triomphants et rappelés par
les suites du crime de Brumaire, ceux qui avaient
signé la Déclaration des droits de l'homme et du
citoyen, comme ceux qui, au Comité de salut pu-
blic, avaient organisé l'admirable résistance de la
liberté française ; le mensonge immense et per-
manent prit toutes les formes, tous les déguise-

ments, frappa à toutes les portes; les conspirateurs de Coblentz, autrefois chassés et poursuivis l'épée dans les reins par les paysans républicains, dressèrent les fils de ces mêmes paysans à traquer les patriotes; les prêtres qui, le 28 germinal an X, avaient chanté sous les voûtes de Notre-Dame le *Domine salvam fac rempublicam, salvos fac consules*, enveloppèrent d'un réseau d'accusations monstrueuses toute la génération passée, et sous le poids des efforts réunis de tous les revenants de la monarchie, la République fut oubliée ou redoutée de cette même nation qui n'existait que par elle.

Trente ans s'écoulèrent dans ces ténèbres, un rayon vint les traverser, — 1830! — rapide, mais splendide.

Une génération nouvelle était née. — La vérité, cette patiente que rien ne rebute, avait fait son œuvre silencieuse, mais inévitable; — les bénéficiaires de la Révolution avaient regardé d'un œil plus méfiant ces hommes d'autrefois dont le premier acte avait été de se faire payer un milliard d'indemnité par la nation à laquelle ils tendaient la main appuyée des arguments de l'escopette étrangère. L'intérêt s'émut, la dignité se réveilla, la conscience parla. Les souvenirs n'étaient pas tellement détruits qu'ils ne pussent revivre. Ils revinrent rapportant avec eux des mots et des noms confus encore, mais qui devaient s'affirmer et se préciser.

Les flammes du Trocadero pâlirent devant les rayons de Jemmapes et de Fleurus; la philosophie, qui avait attesté la raison déesse, se remit à souffler sur les cierges, — toujours les mêmes, — du Concordat ou du droit divin, les droits de l'homme et du citoyen conquis se redressèrent en face de la Charte octroyée, et lorsque la Restauration voulut, avec ses ordonnances de juillet nier solennellement la souveraineté nationale et la liberté individuelle, le refrain burlesque :

> Oui, j'aime le roi,
> Le comte d'Artois
> Et le duc d'Angoulême,
> Le duc de Berry,
> Sa femme et son fils,
> Tous les Bourbons de même.

se heurta à *la Marseillaise.* — Le droit divin mourut.

Quoi qu'il arrive de notre siècle, l'histoire enregistrera cette date : 1830 ! comme une des plus glorieuses de la vie française, et lorsqu'elle comptera les cœurs courageux qui la préparèrent, nos fils s'étonneront de leur petit nombre en même temps qu'ils admireront leur vaillance : *pauci sed fortes.*

Il y a toujours derrière chaque évolution du pavé un escamoteur à couronne, Paris en fit l'expérience le 7 août; *la Parisienne* chanta le drapeau de la République : « *d'Orléans toi qui l'as porté;* » mais ce même jour un faux bonhomme, les poches pleines de poignées de main qu'il distribuait en prodigue éloigna de son pied bourgeois les dernières loques de ses cousins et s'assit sur leur fauteuil. — Le lendemain la France avait encore un Roi, — *une vieille habitude qu'on n'avait pas su secouer.*

On sait ce que fut son règne de dix-huit ans : — le triomphe de la bourgeoisie satisfaite étouffant les aspirations du prolétariat; — un sac d'écus pesant sur le billon.

Le droit démocratique méconnu reprit sa lutte; la vie nationale confisquée au profit de quelques-uns se réfugia dans l'ombre des conspirations; les protestations se traduisirent en émeutes que des exécutions militaires passèrent par les armes. Mais la colère sourde d'abord, puis éclatante, se traduisit plus profonde et plus éloquente chaque jour. Le crayon ridiculisa, la plume protesta, la parole enseigna, la nation tout entière, enfin, se leva disant : Je veux vivre ! et quand elle eut brûlé le trône et proclamé la République, elle se donna le suffrage universel.

Ce mot est l'explication de toutes choses : avant lui *quelques-uns,* après lui *tous.*

Jusqu'en 1848 la vie sociale n'était pas. En France, trois cent mille privilégiés étaient chargés par la Charte de veiller à la défense de ceux qui ne voulaient pas de priviléges; ceux qui avaient la satisfaction avaient aussi mission de la partager avec ceux qui ne l'avaient pas. Les combinaisons monarchiques ont parfois de ces drôleries.

Dans ce milieu, cependant, la conscience ne perdait pas absolument ses droits ; elle s'incarnait dans certains hommes qui combattaient en son nom. Ceux-là agitaient au-dessus du droit écrit les principes du droit inné, au-dessus du privilége, l'égalité ; — leurs voix appelaient les déshérités, elles les groupaient et les conviaient à la revendication. Ces groupes avaient parfois les illuminations soudaines de la vérité entrevue, mais leurs efforts se heurtaient à l'inertie des masses restées dans l'ombre. Et lorsque, vingt fois écrasés, ces volontaires du vrai aboutirent à un triomphe, lorsque le 24 Février consacra leur victoire, la nation qui n'avait pas vécu ne comprit pas assez la vie nouvelle. Inconsciente, elle reçut le bienfait sans en comprendre la grandeur ; de là l'étonnement qui accueillit la République.

Mais quand la nation eut respiré l'air libre à pleins poumons, quand chacun de ses membres s'en fut impreigné et nourri ; lorsque le suffrage universel eut proclamé l'égalité des volontés et affirmé l'existence sociale du plus petit comme du plus grand, oh! ce jour-là la République fut faite, et il n'a pas dépendu des nuages sanglants qui sont venus la voiler d'en éteindre la lumière désormais immortelle !

Oui, Monsieur de l'Empire, la France est au-

jourd'hui républicaine; et savez-vous pourquoi?
C'est qu'elle vous a comparé, vous et les vôtres,
aux républicains. La comparaison seule donne
l'idée des distances, et l'expérience est faite.
Vous en connaissez le résultat, mais il me plaît
de vous le montrer encore; cela me plaît parce
que je le crois utile, et que, citoyen, j'ai ce droit.
Tout superbe que vous êtes, comme électeur je
suis votre maître, car je suis une partie du pouvoir souverain, vous n'en êtes que le *délégué*,
par conséquent mon serviteur.

Le 24 février, Paris foudroyait une dynastie,
celle qui, en vous graciant, songeait à vous offrir
seize mille francs de frais de voyage, mais que,
soit dit en passant, je n'aime ni plus ni moins que
la vôtre. Un gouvernement jaillit du pavé, le
Gouvernement provisoire. Depuis dix-sept ans,
il n'est pas si mince chambellan de votre alcôve,
si petit fonctionnaire de vos écuries qui ne se soit
cru le droit de sourire lorsque l'on prononçait
devant lui ce nom : Gouvernement provisoire. Or,
voici ce qu'a fait ce gouvernement pour mériter
d'égayer vos hommes.

Le 24 février, à l'heure où s'éteignait le bruit
du dernier coup de fusil, il regarda le palais des
Tuileries, au-dessus duquel planait sinistre le
souvenir de tous les crimes du despotisme, et vou-
lant le purifier, il décréta : *Les Tuileries serviront
désormais d'asile aux invalides du travail!* —
Christ aurait eu cette pensée.

Le 26 février, il dit : *Considérant que dans les mémorables journées où nous sommes, le Gouvernement provisoire a constaté avec orgueil que pas un cri de vengeance ou de mort n'était sorti de la bouche du peuple,* — et il décréta *l'abolition de la peine de mort en matière politique.*

Le 1er mars, il voulut rendre aux fonctionnaires, serviteurs de l'État, leur indépendance et leur dignité, — et il décréta *l'abolition du serment des fonctionnaires administratifs et judiciaires.*

Le 4 mars, il annonçait l'abolition de l'esclavage. Le 27 avril nos colonies voyaient disparaître cette infamie suprême de l'égoïsme, ce crime de lèse-humanité, et ce même jour, 27 avril, le Gouvernement provisoire, se faisant paternel aux esclaves délivrés, créait des écoles gratuites, instituait des caisses d'épargne et organisait des secours pour les vieillards, les infirmes et les orphelins. — Allons, chambellans, riez donc !

Le 5 mars, il proclamait le suffrage universel !

Le 6 mars, il décrétait la liberté de la presse !

Le 7 mars, il rétablissait l'équilibre entre les revenus des capitaux du pauvre et ceux des capitaux du riche. L'intérêt des dépôts aux caisses d'épargne était par lui porté à 5 p. 100. — Riez donc, serviteurs à quatre cent mille francs par an !

Le 8 mars, il ordonnait que les listes électorales seraient dressées par les maires et conseillers municipaux réunis !

Le 8 mars, encore, il réorganisait la garde nationale. Le suffrage désigne les officiers. La force reste aux mains de la nation qu'elle défend.

Le 8 mars, toujours, il décrète que les parties qui paient les annonces judiciaires auront le droit de choisir le journal qui leur conviendra. Riez donc un peu, Messieurs de la presse domestique, qui vivez de ces annonces.

Le 10 mars, convaincu que de toutes les libertés la liberté de conscience est la plus précieuse et la plus sainte, le gouvernement proclame la liberté des cultes ! — Riez, Basiles de toutes les couleurs.

Le 12 mars, il efface de la législation qui régissait l'armée de mer les peines abrutissantes de la bouline, de la cale et des coups de corde, outrages à la dignité humaine.

Le 13 mars, il abolit le cumul dans les retraites des fonctionnaires !

Le 30 mars, il proclame l'éternité de la souveraineté nationale ! —Riez, Monsieur de l'Empire, si vous le pouvez encore à l'heure où elle se dresse devant vous !

Le 12 avril, il abolit l'exposition publique et brûle le carcan !

Le 15 avril, il vote l'abolition de l'impôt sur le sel !

Et lorsque le Gouvernement provisoire eut ainsi dans quelques jours relevé la dignité humaine, affranchi la conscience, délivré l'esclave, instruit le pauvre, organisé la défense nationale, proclamé le droit de tous à la vie sociale, libéré la presse, affirmé le droit de réunion, de discussion et de pétition, sanctifié le droit des invalides du travail, enrichi les cultivateurs, désenchaîné la conscience des fonctionnaires, brisé les échafauds politiques, il descendit du siége où l'avait porté l'acclamation populaire; il en descendit la conscience tranquille et les mains pures; ni le sang ni l'argent ne les avaient souillées. — Regardez les vôtres, Monsieur, et riez si vous l'osez !

Le Deux Décembre, Ferdinand Flocon, qui dort dans un pays libre, partait pour l'exil; ce même jour, un représentant du peuple, exilé aussi, lui dit, en serrant la main de ce grand honnête homme : « Flocon, vous êtes pauvre; voulez-vous que, fraternellement, nous partagions ma bourse ? — Merci ! répondit l'ancien membre du Gouvernement provisoire, mais j'ai réglé tous mes petits comptes, et il me reste de quoi vivre pendant quinze jours sans travailler; c'est plus qu'il ne me faut. Et il partit.

Depuis que vous êtes rentré en France, qu'avez-vous fait, à votre tour ?

La première parole solennelle tombée de vos lèvres, est celle-ci :

« En présence de Dieu et devant le peuple

« français représenté par l'Assemblée nationale,
« je jure de rester fidèle à la République une et
« indivisible, et de remplir tous les devoirs que
« m'impose la Constitution. »

La seconde est plus brève :

« *L'Empire, c'est la paix.* »

Entre ces deux paroles, la République mourut,
tuée par vous, son défenseur assermenté. Je n'ai
ni à juger ni à qualifier votre acte; il appartient
à l'histoire, à la magistrature nationale peut-être
aussi; et, d'ailleurs, je ne connais dans aucune
langue un mot qui pût rendre ma pensée sur lui.
Mais depuis ce jour où vous restâtes seul debout,
jetant votre sabre dans la balance de nos destinées, qu'avez-vous fait ?

Vous portiez la paix dans votre main, disiez-
vous, et lorsque votre main s'est ouverte, la
guerre furieuse, incessante, a traîné la France
dans tous ses monstrueux hasards. Guerre en
Crimée, guerre au Mexique, guerre en Servie,
guerre en Chine, guerre en Cochinchine, guerre
en Italie, guerre en Algérie.

Votre main pacifique a pendant dix-sept ans
jeté cinq cent mille hommes à la mort, brisé cinq
cent mille familles, et lorsque la nation en deuil a
cherché d'un regard navré le bénéfice de sa dou-
leur, elle s'est trouvée en face des malédictions
de l'Angleterre pleurant la Crimée, de la Chine

indignée du pillage, du Mexique menacé dans sa liberté, de l'Italie agitant devant ses yeux le linceul funèbre de Mentana.

Vous chantiez les délices de l'accord des peuples, et, grâce à votre exemple, l'Europe a mis sur pied cinq millions d'hommes prêts à s'entretuer. Pour les entretenir, *elle dépense par an neuf milliards*, c'est-à-dire *plus du double de ce que valent tous les bois et toutes les forêts de France appartenant à des particuliers*.

Vous aviez parlé de protéger les nationalités, et vous avez laissé mourir la Pologne et naître la Prusse!

Vous deviez sauver la liberté; c'était là, disiez-vous, l'explication et l'excuse du 2 Décembre. Vous avez pendant quinze ans bâillonné la presse et remis à vos profits la liberté électorale; elle serait encore dans leur poche s'ils avaient eu la main assez puissante pour l'y conserver. Vous avez étendu sur la France entière un réseau de fonctionnaires qui l'étreignent et l'étouffent!

Vous placiez votre Constitution sous le patronage des principes de 89, et vous avez livré les manifestations de la conscience et de la raison aux volontés toutes-puissantes des Jésuites et des prêtres!

Vous célébriez l'économie en présence de ceux que vous aviez le courage d'appeler les dilapidateurs, et vous avez, par des emprunts forcenés, hypothéqué l'avenir de toute une génération que vous n'aviez pas le droit de lier.

Vous deviez ménager la bourse des contribuables, et pour récompenser les hommes du coup d'État et les petits qu'ils ont fait, vous avez lâché sur le peuple une foule de salariés avides dont chacun reçoit plus que le président du plus grand État du monde, la république américaine ; quelques-uns d'entre eux dévorent annuellement trois fois la somme qui est son traitement.

Vous annonciez la réduction de la dette, et vos combinaisons savantes l'ont doublée !

Vous étiez plein de sollicitude pour le budget, et il est aujourd'hui de deux milliards trois cent millions !

Vous vous posiez en protecteur du commerce et de l'industrie, le commerce est haletant et l'industrie s'agite dans toute la France pour conjurer la misère !

Vous aviez l'ambition de grouper autour de vous les *illustrations du pays*, et vous avez jeté hors de France nos poëtes, nos philosophes, nos historiens. Au pinacle Belmontet, Hugo à l'exil !

Vous deviez répandre sur notre colonie algérienne les bienfaits de votre administration, et chaque hiver les Arabes succombent par milliers en proie aux angoisses de la faim.

Vous écriviez sur l'extinction du paupérisme, c'est à la Ricamarie, c'est à Aubin que vous l'éteignez !

En Décembre vous avez fait fusiller et mitrailler au nom de la sécurité à conquérir, et voici que le trouble est partout, que la crainte est à l'ordre du jour, et qu'après quatre-vingts ans de luttes subies par la France vous ne pouvez conserver ce que vous appelez le repos et l'ordre qu'en jetant dans Paris quatre-vingt mille baïonnettes.

Vous aviez proclamé la grandeur des soldats qui les portent; ils étaient, disiez-vous, la vraie noblesse du pays, et voici que ceux-là auxquels vous devez tant sont les déshérités de la France et ne peuvent même pas exercer leurs droits d'électeurs et de citoyens. Le soldat n'a que le droit de mourir au commandement ou de nous tuer, nous qui sommes ses frères, si un Corse ou une Espagnole le désirent!

Glorifier la guerre, prodiguer notre sang aux quatre coins du monde, abandonner les nationalités, égorger les républiques naissantes, faire des boutures d'empereur sur les frontières des États-Unis, enseigner au monde la haine pour la France, semer la menace sur l'Europe, la couvrir de colères sans prétexte et d'armées ruineuses, nous livrer à vos préfets, nous donner aux Jésuites proscrits par la loi française, escompter nos ressources à venir, étendre l'impôt à toutes choses, doubler la dette nationale, grossir démesurément le budget, épouvanter le commerce, paralyser l'industrie, chasser nos citoyens les plus illustres, affamer notre première colonie, fusiller des mineurs, dépouiller l'armée de ses droits les plus sacrés, gorger d'or les hommes qui vous ont aidé dans ces œuvres triomphantes! voilà, Monsieur, ce que depuis dix-sept ans nous avons vu tomber de vos mains libératrices.

Avez-vous fait autre chose? Oui, soyons justes. A raison de vingt-six millions par an, vous avez pour ce beau travail touché de la main des contribuables quatre cent quarante-deux millions, — ô Flocon! — mais aussi votre âme grande et pieuse envoyait, dit-on, naguère un million au pape en le priant de dire une messe pour le salut de la France!

Merci, Monsieur, au nom de la misère française!

Certes, Monsieur, si je me présentais au guichet des Tuileries en disant : Je viens donner un conseil au chef du pouvoir exécutif, je ne me dissimule pas qu'un sourire dédaigneux me ferait accueil. Tombé des lèvres d'un chambellan, il serait ramassé par un valet de chambre qui le passerait à un valet d'écurie, et il s'en irait de dévouements en servilismes glisser jusqu'à la niche restée vide de Néro. Je n'irai donc pas vous l'offrir; mais si le hasard vous l'apporte, prenez-le, car il est bon. Le voici :

« Pour une minute isolez-vous des êtres qui

vous lèchent les mains, comme feu Néro, ou qui vous encensent, comme feu *Sibour;* fermez votre porte aux gens ornés de colliers de toutes sortes, et, prenant dans vos deux mains votre front, réfléchissez, songez et dites-vous : Il y a autour de moi quarante millions de Français qui me jugent, c'est leur droit; s'ils me comparent aux républicains que j'ai chassés après avoir juré de les défendre, s'ils comptent sur leurs doigts ce que ces républicains leur avaient donné et ce que je leur ai ravi, ils ne peuvent ni m'aimer, ni m'excuser; peut-être me pardonneront-ils,—car le peuple a d'admirables instincts d'indulgence, — si je lui dis : je me suis trompé, mais je m'en vais! »

Si vous suiviez ce conseil, Monsieur, vous pourriez encore avoir une vie facile. Mme Bonaparte et M. votre fils n'auraient point à redouter la gêne sublime, mais triste, que supporta d'une façon si austère la veuve vénérable de Ferdinand Flocon, et les banquiers anglais mettraient autant de bonne grâce à vous ouvrir leurs coffres, sur vos simples quittances, qu'ils mettaient autrefois de spontanéité unanime à vous les fermer; si, au contraire, vous le dédaignez, ce qui m'est indifférent, vous remarquerez tout au moins que Charles d'Angleterre, Louis de France et Maximilien d'Autriche en ont reçu d'aussi bons et ne les ont pas suivis.

L'art. 68 de la Constitution de 1848 disait :
« *Toute mesure par laquelle le président de la République dissout l'Assemblée nationale, la proroge ou met obstacle à son mandat, est un crime de haute trahison.* »

Vous avez lu cet article, vous lui avez juré fidélité, cela ne vous a pas empêché de rêver l'Empire. Ce rêve, vous l'avez réalisé, chacun sait ça.

Chacun sait aussi quels furent les hommes qui vous aidèrent à cette œuvre que l'avenir trouvera dans les affaires à juger. Avoir des scrupules exagérés fut leur moindre défaut. Grâce à leur secours, vous avez pris d'assaut la France et l'Empire, vous les avez pris la nuit. Lorsque le jour se leva, la nation sanglante et pâle était dans votre main. Que vous reste-t-il de votre conquête ? Rien que le souvenir du sang versé et les caresses d'un homme, dernier tribut de la trahison servile. Vous avez tué la représentation nationale, et voici qu'aujourd'hui, dans cette Chambre même que vous croyiez pouvoir éternellement peupler de vos créatures, la représentation nationale renaît ! Vous espériez n'avoir que des hommes à vous, et voici que vos officiels d'hier répudient la force qui les fit asseoir à leur banc ! Le mot de liberté était le mot proscrit, et chacun l'encense ; centre gauche, centre droit, tous le revendiquent, la droite elle-même, l'arrière-garde du second Empire *entre dans la fournaise*, et la gauche républicaine assiste compacte et souriante à cette déroute étrange et affolée dont elle connaît le terme et le dernier mot!

Ce mot, chacun le prononce; il est sur toutes les lèvres, il jaillit de toutes les plumes. Le temps n'est plus où la conscience des citoyens vénérait en silence sa proscription, il rayonne à toutes les pages des journaux, et ceux-là même qui s'inclinaient autrefois pieusement sur votre passage, le murmurent ou le proclament à vos oreilles : *la République est faite*, écrit *la Liberté*; — *Paris n'est plus qu'un bourg pourri, socialiste et républicain*, crache *la Presse*. La raison et l'injure semblent se donner la main dans *le sauve qui peut* de l'Empire.

Quelle est donc la force invincible qui a préparé ce résultat? Le suffrage universel!

Il y a quelqu'un qui a plus de force que l'homme le plus fort, plus d'intelligence que le plus intelligent, plus de volonté que le plus volontaire, plus d'énergie patiente, invincible que le plus patient conspirateur, et qui sent aujourd'hui le besoin d'éteindre le flambeau providentiel douteux pour le remplacer par celui de la lumière collective et de l'universelle raison. Ce quelqu'un se nomme *tous*.

Les avez-vous vus à l'œuvre ces tout petits de la nation qui, depuis dix-sept ans, cheminent dans l'ombre, mais s'avancent vers la clarté? Groupe vague et confus d'abord que vos regards dédaignaient, ils se perdaient dans les horizons lointains du pouvoir personnel; chaque heure les a réunis et fortifiés; peu à peu l'hésitation s'est effacée, la timidité a disparu, leur droit les a envahis. Une fois pénétré du sentiment de leur force, ils ont pressé avec plus d'énergie le bulletin de vote, leur seule arme, mais ils l'ont sentie souveraine, et de ce moment vous avez pu voir leurs bataillons chaque jour plus nombreux et plus serrés s'avancer vers votre trône. Il y a dix-sept ans, comme après les grands vents d'orage qui laissent à la mer le calme lourd du plomb fondu, pas une brise de liberté ne soufflait sur la France, l'Océan social était immobile et sinistre; puis un tressaillement insensible a agité ses profondeurs, une ondulation a poussé ses eaux vers la rive, les flots se sont formés, ils s'avancent majestueux, formidables, irrésistibles. Salut à la grande marée populaire!

Demain, peut-être, celui qui passera sur la plage cherchera le trône; il n'aura même pas laissé ses traces au sable humide et pur, brillant sous le soleil des grands jours!

Les chiffres ont leur implacable éloquence, et il faut bien, Monsieur, que votre pouvoir les écoute. Entendez-les :

En 1852, votre proclamation à l'armée avait dit ce que vous pensiez du vote : « Soldats..... votez

« librement comme citoyens, mais comme soldats
« n'oubliez pas que *l'obéissance passive* aux or-
« dres du chef du Gouvernement est le devoir de
« l'armée, depuis le général jusqu'aux soldats! »
Plus tard vos préfets, s'inspirant des habitudes
du maître, firent de la liberté électorale ce que
chacun sait; aussi le vote sur le rétablissement
de l'Empire ne trouva-t-il pour protester contre
vos actes que *deux cent trente-huit mille cinq cent
quatre-vingt-deux citoyens!*

Cinq ans après, aux élections législatives de
1857, ce chiffre est plus que doublé, *cinq cent
soixante-onze mille huit cent cinquante-neuf* électeurs se sont groupés.

Six ans plus tard, en 1863, la démocratie
compte *un million neuf cent cinquante quatre
mille trois cent soixante-neuf* défenseurs; et 1869,
avant-garde de la révolution légale, vient d'inscrire
trois millions trois cent dix-sept mille six cent trois
votes qui vous condamnent.

Résumez, je vous prie.

1852, contre vous et les vôtres,	238,582	électeurs
1857,	id.	571,859 id.
1863,	id.	1,954,369 id.
1869,	id.	3,317,603 id.

Est-ce que vous croyez que les flots vont s'ar-
rêter? Tenez, vous n'êtes ni sourd ni aveugle, eh
bien! regardez :

En 1852, Paris, sous le canon, ne vous opposait
que. . . . .   53,617 protestations
En 1857, il vous en offre 104,977   id.
En 1863, il vous en jette 154,448   id.
En 1869, il vous en inflige 240,003   id.

Et lorsque quatre circonscriptions de celle que
vous appeliez autrefois votre capitale ont dû, au
mois de novembre dernier, exprimer leurs volontés souveraines, elles ont laissé tomber sur
votre sceptre quelque chose comme cent mille
voix républicaines et socialistes. Votre pouvoir a
réuni 2,678 voix complétement approbatives !
Vos sergents de ville eux-mêmes et vos fonctionnaires réunis n'ont pas su faire un total présen-
table. O puissance du flot qui monte ! ô défection
des remparts de sable !

Autour de vous, Monsieur, tout s'écroule ou
s'évanouit, non sous le souffle impétueux de la
colère, mais sous le regard plus puissant de la
justice. Les villes sur lesquelles vous comptiez
hier, se sont détachées de vous et ont prononcé
leurs verdicts contre vous ; les chefs-lieux d'ar-
rondissement, les chefs-lieux de canton, se soulè-
vent avec un entraînement irrésistible, et dans des
proportions effrayantes pour vos rêves dynasti-
ques. Partout où les citoyens sont réunis, parlent
et s'instruisent, la République s'affirme, et il ne
reste plus au Deux Décembre que nos frères iso-
lés dans la solitude des champs, ces cultivateurs

dont, les yeux courbés vers la terre, n'ont pas eu le temps encore de reconnaître la main qui leur ravit leurs fils.

Voilà l'œuvre de dix-sept ans, la voilà dans sa simplicité pleine de puissance et de calme ; elle s'est faite patiemment comme toutes les œuvres fortes et durables. Menaces de vos serviteurs, sollicitations éloquentes de vos avocats, cris de vos victimes, voix déchirantes et vénérées de l'exil, rien ne l'a troublée dans sa marche impassible. Le suffrage universel, fils des républicains vaincus et insultés, a compris que son triomphe serait leur consolation, et c'est alors, qu'au-dessus de vos violons et de vos cantates, de vos salves d'artillerie et des brutalités de vos chassepots, sa grande voix qui les dominait, a dit : Monsieur Louis-Napoléon Bonaparte, je veux la République !

V

Comment aurons-nous la République ?

Cette question est redoutable !

Mettre le monde nouveau en présence du vieux monde, trouver la solution de continuité, dire : c'est là que finit l'un, c'est ici que l'autre commence, est chose grave ! De semblables problèmes exigent, pour être résolus, la conviction du devoir à accomplir, le dévouement à la solution cherchée et le calme dans la recherche.

Parfois, dans les jours étouffants de l'été, les êtres qui rampent ou marchent entre le sol et les nuages, hommes et bêtes, sentent peser sur eux un air vicié, lourd, pauvre, incapable de donner à leur poitrine la vie qu'elle attend. Leurs regards anxieux cherchent le nuage qui doit porter la foudre ; leur bouche l'appelle, et lorsque le premier grondement se fait entendre, ils aspirent à pleins poumons le souffle qu'il leur apporte, et croient puiser une vie nouvelle dans cet effluve qui passe. Les nations ont de ces heures !

O faubourien de la cité libre entre toutes, te souvient-il de 1830 ? te souvient-il de 1848 ?

Au-dessus de toi s'étendait l'ombre d'un homme, un seul sur tous ! Cet homme disait : Nourrissez-moi ! respectez-moi ! adorez-moi ! Autour de lui vivaient, mangeaient et s'engraissaient d'autres hommes qui, variant la formule, disaient : Nourrissez-nous ! respectez-nous ! adorez-le ! Le germe de ces gens-là s'incubait sous un pied du fauteuil royal et végétait dans tous les sens ; ses ramifications envahissaient l'armée, s'accrochaient à la justice, cachaient la finance, et sa floraison inutile couvrait le peuple qui, dans l'ombre, travaillait pour la faire splendide et insolente.

Qui ne t'a vu à l'œuvre ? Secouant le trône, déracinant l'arbre vénéneux, fauchant ses branches malsaines, foulant aux pieds ses fleurs faites d'oripeaux et de galons, chassant les rois, chassant leurs créatures, pardonnant aux uns, méprisant les autres, tu fus splendide ! Hélas ! tu fus dupe aussi ; le lendemain du jour où s'éteignait le feu de ta dernière cartouche, on baisait tes mains noircies par la poudre ; tu étais le peuple souverain, le triomphateur respecté, la force vénérable ; le surlendemain, tu étais redevenu le bonhomme que l'on caresse encore, mais qu'on lie. A côté de la barricade le piége...

Pourquoi en a-t-il été toujours ainsi ? Pourquoi les suprêmes effets de l'indignation populaire ont-

ils abouti à chasser Charles pour prendre Philippe,
à renvoyer Philippe pour proclamer Louis? Pourquoi donc les heures révolutionnaires n'ont-elles
été qu'un lever de rideau précédant une séance
d'escamotage ou de prestidigitation? Pourquoi?
Parce que le peuple sait se faire tuer et ne sait
pas vouloir; or, se faire tuer n'est rien, vouloir
est tout!

Quel est l'homme, en effet, qui n'a pas tressailli de colère en sentant retomber sur sa tête le
poids d'une dynastie imprévue? Quel est celui
qui n'a serré ses poings à faire entrer les ongles
dans la chair devant le retour d'une couronne et
la renaissance d'un sceptre? Quel est le citoyen
qui, voyant la force brutale étrangler le droit,
n'a pas entendu dans les profondeurs de sa conscience les rugissements de la liberté meurtrie?
Tous, tant que nous sommes, hommes libres,
nous avons éprouvé cela, et tous, tant que nous
sommes aussi, nous avons dit à ces heures dou-
loureuses : Battons-nous!

C'est que chaque homme porte en lui un idéal
de justice qui le maîtrise, l'agite et le conduit :
tout sacrifier à cet idéal est l'instinct des âmes
généreuses; c'est cet instinct qui arrache les pavés, c'est lui qui fait les barricades, c'est par lui
qu'on meurt, sans savoir si on reposera demain
sous une colonne ou dans un trou banal, et sans
se le demander. On meurt pour le vrai, cela suffit. C'est lui qui a écrit dans la jurisprudence des

nations, qu'en face du despotisme *l'insurrection est le plus saint des devoirs*, et quelles que soient nos habitudes de vivre ou de penser, nos affections ou nos répulsions, il est impossible que nous ne nous inclinions pas devant les entraînements chevaleresques de ce dogme de la liberté quand même.

Mais ces entraînements ont leurs dangers, et le plus grand de tous est d'accoutumer les citoyens à demander à la violence d'un moment ce qu'ils pourraient plus sûrement et complétement acquérir par une volonté durable, persistante, sûre de sa force. Lorsqu'on a risqué sa vie pour la liberté, on croit avoir assez fait pour elle ; l'effort ayant été surhumain, on se repose, on s'endort, et ce n'est qu'au réveil que, retrouvant la liberté morte, on songe qu'il eût été plus simple et plus sûr de moins se battre et de vouloir plus longtemps ; regrets stériles s'ils ne portent pas avec eux leur enseignement.

A l'heure où nous vivons, il est plus que jamais nécessaire de chercher cet enseignement, de le comprendre et de suivre la voie qu'il trace. L'Empire a senti qu'il ne pouvait vivre qu'en séparant les unes des autres trois forces qui aspirent à se réunir : l'armée, l'ouvrier et le cultivateur. L'armée privée de ses droits de citoyen, les ouvriers déclarés brebis galeuses et surveillés par le sabre, les cultivateurs gardés en tutelle : telle est la combinaison. Cette combinaison a pour résultat d'enterrer dans des limites étroites les aspirations des électeurs des villes et d'opposer à leurs volontés réfléchies et discutées l'œuvre machinale des autres; de là peut-être l'occasion d'une désaffection profonde des premiers pour les seconds. Ce sentiment se manifeste déjà; il ne peut que grandir, hélas! Et si durait longtemps la pratique actuelle, la France verrait succéder à ses divisions d'autrefois la haine plus redoutable des diverses classes du prolétariat entre elles. Le mot « diviser pour régner » n'est pas d'hier, mais qui peut dire à quels déchirements il nous conduit?

Je n'ai jamais entendu sans une tristesse profonde les imprécations des électeurs ouvriers contre le vote des campagnes; je n'ai jamais vu sans une émotion poignante le sourire méfiant qu'elles faisaient naître chez le laboureur qui vit éloigné des passions généreuses de la vie publique, et j'ai chaque jour davantage compris la nécessité d'appeler la République au secours de la fraternité qui s'éteint; mais qui donc lui rouvrira les portes de la patrie? Est-ce la loi? Est-ce la lutte?...

Que d'aujourd'hui pour demain la lutte s'engage encore entre la possession de fait et la revendication du droit, qu'arrivera-t-il? L'avenir seul le sait! La nation irritée sera-t-elle vaincue par l'armée de ses fils, remise aux mains d'un homme qui déclare répondre de ce qu'il appelle

l'ordre? Cette armée, redevenue citoyenne, sou-
tiendra-t-elle, au contraire, le droit national contre
les quelques-uns, que le hasard nous a donnés?
Qui peut le dire? *Alea* terrible! Dans des rues
françaises, deux forces, uniformes et blouses,
frères et frères, et au-dessus d'eux le grand peut-
être de toute guerre civile, la liberté possible ou
la servitude consolidée!

N'y a-t-il donc pas d'autre remède au mal, et
serons-nous toujours acculés à la violence?
Ayant le droit de vouloir la République, qui ré-
sume les pensées de justice et de fraternité, nous
faudra-t-il la ramasser dans le sang et la conquérir par la mort, elle qui proclame avant tout
le respect de la vie. Ah! s'il en était ainsi, ce serait à désespérer de la raison humaine, et il faudrait, dédaignant ses conquêtes, rejeter dans la
catégorie des eunuques femelles et des impuis-
sances vaniteuses les lois qu'elle nous a laborieu-
sement préparées.

Mais non; ces pensées désespérantes ne peuvent être les nôtres. La justice n'est pas un mot
sonore et vide; la loi, sa fille, n'est pas infé-
conde, et quelles que soient les tristesses des
années écoulées, la vérité n'a pas abandonné sa
tâche et ne s'est pas retirée humiliée et vaincue.
Il est encore, grâce à elle, deux principes qui
sont restés debout, déchirés peut-être, mais vivants : la souveraineté nationale, la liberté individuelle. J'ai dit tout à l'heure que le premier nous

laissait la faculté de vouloir, je vais prouver que le second nous laisse tout entière celle de pouvoir.

Quelles que puissent être les modifications que le hasard, ce sombre improvisateur, apporte aux habitudes des nations et à leurs règles de vie, il est une croyance qu'il ne peut détruire, une conviction qu'il ne peut altérer. L'homme s'appartient, et il le sait. Il le sait, car tout le lui enseigne : les religions, en proclamant à tort ou à raison sa responsabilité devant un être supérieur ; la philosophie, en affirmant son libre arbitre ; la loi, en attestant à la fois ses droits comme individu, et son pouvoir comme citoyen, en rapport avec les autres citoyens, pour l'accomplissement du devoir social. Être soi et savoir qu'on a cette faculté, c'est toute la science de la liberté individuelle. La liberté individuelle est plus qu'une vérité ; car toutes les vérités ne sont pas démontrées ou conquises, elle est une force comprise et sentie.

Le monde est plein de gens qui doutent sur toutes choses, mais il n'est pas un seul des êtres qui forment l'humanité qui ne sache bien qu'il est maître de lui-même. Sa volonté est à lui ; sa pensée est à lui ; son travail est à lui. Résumer librement en soi ces trois facultés, c'est avoir la liberté individuelle. On a pu la gêner, la lier, l'amoindrir dans ses résultats, on n'a jamais pu la détruire ; ses racines plongent au plus profond du cœur de l'homme; elles en enlacent toutes les fibres et s'y cramponnent avec une telle énergie, que, pour les en arracher, il faudrait les arracher avec elle. Eh bien ! c'est à cette liberté indéracinable qu'il faut demander d'être le germe fécond de la liberté nationale ; c'est sur la liberté particulière et privée qu'il faut édifier la liberté universelle.

Ce mot, tout immense qu'il est, n'a rien de présomptueux ; cette affirmation n'a rien de hasardé ; ce problème est simple : prouvons-le.

Il y a quelques jours, le czar de Russie, envoyant un petit cadeau, — une plaque quelconque, — à son bon compère de Prusse, le roi Guillaume, lui disait : *Poursuivons notre but sacré !* Libre à eux ! Que les rois usent du droit de coalition ; qu'ils cherchent à ressusciter par une entente obscure les menaces de la sainte alliance contre les peuples ; qu'ils s'unissent dans une étreinte passagère, mais formidable, pour consolider leur pouvoir qui s'en va, — c'est leur affaire ; — mais s'ils sont incapables d'être citoyens, qu'ils donnent au moins aux citoyens l'exemple de ce que peuvent l'union et la volonté ; loin de nous en plaindre, nous n'aurons qu'à nous en féliciter. Ils sont douze à peu près en Europe ; nous sommes trois cent millions ; qu'ils se serrent, serrons-nous aussi ; on verra bien quels seront les premiers étouffés. Et puisque ce sont eux qui nous tracent la route, suivons-la, et faisons surgir en face de la coalition lugubre du despotisme, la coalition calme et juridique de la liberté !

Qu'est-ce la coalition ?

La coalition est un fait qui résulte d'un droit.

Le droit, c'est la faculté pour tout homme de joindre sa volonté à la volonté d'un de ses semblables. Le fait, c'est le résultat produit par la réunion de ces deux volontés.

Ce qui est permis à deux hommes est permis à deux millions d'hommes. Dans les deux cas, le droit est le même, mais le fait et le résultat sont différents. Deux volontés peuvent très-peu de choses, deux millions de volontés peuvent presque tout.

En France, le droit de coalition existe. Entouré de dangers, soit ! mais il existe, et cela suffit pour qu'on en use. Quand on n'a que des tronçons de droits, on s'en sert tels quels. *La loi française autorise les citoyens à donner ou à refuser leur travail quand bon leur semble. Elle leur reconnaît la faculté de s'entendre, de se concerter, de s'unir dans une pensée commune pour agir dans un effort commun en accordant ou en refusant ce travail, dont ils sont les seuls maîtres.*

Je viens d'écrire en grosses lettres cette pensée d'où peut venir la révolution pacifique et complète, la révolution préparée au grand jour, accomplie en pleine lumière. Avant tout, cette pensée est-elle vraie ?

D'après la loi du 25 mai 1864, les anciens arti-
cles 414, 415 et 416 du Code pénal sont abrogés.
Donc, la coalition est libre.

Quelles sont les conditions de cette liberté ?

Le nouvel article 414 nous le dit ; il est ainsi
conçu :

« Sera puni d'un emprisonnement de six jours
« à trois ans et d'une amende de 16 fr. à 3,000 fr.
« ou de l'une de ces deux peines seulement, qui-
« conque, à l'aide de *violence, voies de fait, me-*
« *naces ou manœuvres frauduleuses*, aura amené
« ou maintenu, tenté d'amener ou de maintenir
« une cessation concertée de travail dans le but
« de forcer la hausse ou la baisse des salaires, ou
« de porter atteinte au libre exercice de l'indus-
« trie ou du travail. »

Donc, sont seulement interdites aux citoyens
qui veulent se coaliser :

Les violences,

Les voies de fait,

Les menaces,

Les manœuvres frauduleuses.

Tout ce que la loi n'interdit pas est permis ;
donc, tous les autres moyens de coalition sont
permis ; donc, sous le regard de la loi, dix millions d'ouvriers peuvent s'organiser et se concerter pour refuser leur travail ; donc, sous la pro-
tection de la magistrature gardienne des lois, la
grève nationale peut naître ; et si un doute quelconque pouvait s'élever sur ce point, il suffirait

de lire au rapport qui a précédé la loi du 25
mai 1864 ces lignes, signées *Émile Ollivier*, le
ministre actuel du chef du pouvoir exécutif.

« Désormais la coalition des patrons ou celle
« des ouvriers est absolument libre, c'est le point
« de départ de la loi. On a proposé de distinguer
« entre les coalitions justes et les coalitions abu-
« sives ; nous n'avons pas admis cette distinc-
« tion. Abusive ou non, juste ou injuste, la coa-
« lition est permise. D'autres ont demandé que la
« séparation fut établie entre les coalitions fac-
« tices, violentes ou frauduleuses, et les coali-
« tions naturelles, paisibles et sincères, et que
« les secondes étant licites, les autres ne le fussent
« pas. Nous n'avons pas davantage accepté cette
« distinction. La coalition violente, factice, frau-
« duleuse ne tombera pas plus sous le coup de
« la loi que la coalition *naturelle, paisible* et *sin-*
« *cère.* Les auteurs des violences et des fraudes
« seront poursuivis et punis ; la coalition sera
« respectée (1), » et s'il fallait, pour résumer la
pensée du législateur, emprunter la voix si chère
au gouvernement, c'est encore à M. Émile Ollivier qu'on demanderait cette phrase du même
rapport : « Ainsi pour conclure, liberté absolue
de « la coalition à tous ses degrés (2). »

Ces mots « liberté absolue de la coalition »

(1) Rapport, chapitre II.
(2) Rapport, chapitre I.

ses degrés » ne sont évidemment pas tombés au hasard de la plume du rapporteur; ils ont une signification qui leur est propre, et pour tout homme de bonne foi, — juge ou justiciable, — ils ne peuvent vouloir dire qu'une chose : c'est qu'il n'y a pas de limites à la coalition et qu'elle peut grouper, par exemple, tous les travailleurs français contre les conditions que leur fait le gouvernement, — patron Décembre, — comme elle pourrait en réunir une cinquantaine seulement contre les exigences et les volontés de tel patron épicier ou de tel patron entrepreneur. — Interprétés autrement, ils constitueraient un abominable piége que n'a jamais pu vouloir tendre le fils de Démosthène Ollivier.

La coalition *naturelle, paisible* et *sincère* qui se formerait pour conquérir la République à l'aide d'une volonté juridique et calme, a-t-elle le droit de préparer ouvertement, patiemment, ses moyens d'existence et de durée? Oui! encore mille fois oui! s'organiser publiquement, économiser pour les jours du repos et de l'attente, créer un fonds de réserve commun ou particulier, former des commissions et des banques syndicales, appeler le secours des offres patriotiques, recevoir des souscriptions, en solliciter l'ouverture par la presse démocratique républicaine, tout cela se peut, tout cela est un droit indiscutable, certain, reconnu. — Indiscutable et certain, car rien dans tout cela ne ressemble *à la violence, aux voies de*

fait, aux menaces, aux manœuvres frauduleuses;
tout y est paisible et loyal, reconnu, car le rapport du projet de loi l'a constaté et affirmé. « Les
« coalisés se cotisent entre eux; des ouvriers d'un
« autre état, des étrangers même, dans une
« pensée de commisération ou *parce qu'ils sont*
« *convaincus du bon droit de ceux qui font*
« *grève,* fournissent des sommes d'argent à la
« coalition ; cette assistance ne constitue pas une
« manœuvre frauduleuse; l'institution des caisses
« de chômage n'a pas davantage ce carac-
tère (1). »

Liberté de coalition, liberté d'aider à la nais-
sance de la coalition, liberté de la soutenir, sont
trois termes et trois propositions tellement vrais
sous la loi du moment, telle que dans la sincé-
rité de ma conscience je la vois et la comprends,
que je n'hésiterais pas une seconde à dédier à la
magistrature française ce travail modeste mais
convaincu, si je n'avais la crainte qu'il ne trou-
vât pas en elle cet accueil fraternel et bienveillant
que seuls savent s'offrir et se ménager ceux qui
ont même vouloir et même drapeau (2).

Ces trois libertés qui n'en sont qu'une, — li-

(1) Rapport, chapitre IV.

(2) Ce serait faire injure à l'intelligence du juge, que d'ad-
mettre qu'il pourrait voir dans cette proposition le délit
prévu par l'article 87 du Code pénal, ce délit ne pouvant
être caractérisé que par une insurrection, une émeute, une

berté individuelle multipliée par elle-même —
sont contenues dans l'article 414 du Code pénal.
Eh bien ! cet article sera à la fois la mort de la
monarchie et la vie de la nation quand la nation
le voudra.

Liberté de coalition !

A tous citoyens, faculté de refuser leur travail,
de croiser leurs bras, de ne plus produire. A
toute corporation, droit de s'entendre pour proclamer la grève et le repos quand bon lui semble.
A tout corps d'état, le droit de choisir l'heure ou
par l'effort commun éclatera volontaire, raison-
née, puissante par l'accord, cette résolution dont
il est le seul maître et le seul juge.

Liberté d'aider à la naissance de la coalition !

A tout citoyen travailleur de la plume ou du
marteau, comptable ou maçon, employé de l'État
ou des particuliers, des compagnies de chemins
de fer ou des paquebots, de l'industrie ou du
commerce, vivant dans les profondeurs sombres
des mines, dans l'atmosphère ardente des forges,
sur les échafaudages vertigineux des constructions, sous la terre, sur la terre ou dans les airs,
le droit de dire à son frère : Prépare-toi, écono-

prise d'armes quelconque ou tout au moins un complot organisé, ainsi que vient de l'affirmer le jugement non frappé
d'appel du tribunal de Toulouse, rendu le 11 décembre 1869,
contre le courageux rédacteur de *l'Émancipation*, Armand
Duportal.

mise, sois prêt à la grève, car tu peux la vouloir demain.

Liberté de soutenir la coalition !

A tout citoyen le droit de dire à celui qui refuse le travail : Tu chômes pour une cause juste, je viens t'aider de ma parole, de ma plume et de ma bourse.

Cet article 414 contient dans ses flancs le plus terrible des engins de guerre contre la monarchie. Jusqu'à ce jour les rois, ayant fait les lois, ont maintenu les peuples à l'aide de toutes les ficelles légales qu'ils avaient tordues; à l'heure présente, le peuple, à son tour, peut soulever d'une main respectueuse le pavé légal et le placer sur la poitrine de son monarque. Il sera plus lourd aux augustes poumons que le sabot du cultivateur à l'insecte qui ronge ses récoltes.

Quelles que puissent être les distinctions que les vieilles religions et les vieux pouvoirs ont créées, le bon sens qui les dédaigne ne reconnaît plus aujourd'hui que deux classes : celle des oisifs, qu'il doit proscrire ou abandonner à leur propre misère, celle des travailleurs, qu'il veut soutenir, aider et glorifier. — Que les travailleurs sachent vouloir, et demain les oisifs verront s'évanouir comme une fumée vaine le pouvoir séculaire qu'ils tenaient de l'égoïsme et de la servilité. — Les peuples sont à l'abri des menaces de la prescription. — Que dès demain chaque corporation ouvrière s'émeuve à la pensée de la grève possible; — qu'elle choisisse une commission syndicale qui sera son conseil et son trésorier; — que chaque jour l'ouvrier prélève cinq ou dix centimes sur son travail, et que chaque semaine ou chaque quinzaine il verse aux mains de la commission le fruit de son épargne par fragments de cinquante centimes; que la commission, en le recevant, marque sur une coche semblable à celles des boulangers le versement qui vient d'être fait, et le travailleur aura créé avant un an la masse générale de sa corporation pour la grève, *ou son action nominative dans la future banque générale des producteurs*, si par un des hasards que l'avenir seul connaît, la monarchie, avant cette date, était morte de sa laide mort.

Qu'au sacrifice sacré que le travailleur pauvre s'imposera, viennent se joindre les sacrifices dévoués, incessants et plus considérables des républicains plus fortunés; — que les démocrates propriétaires, rentiers, avocats, médecins, etc..., prélèvent sur leurs revenus le secours fraternel qu'ils peuvent offrir à la grande conquête pacifique; que *sans aucun lien entre eux* (1), autres que ceux d'un sentiment commun et d'un amour

(1) Il est absolument inutile, en effet, d'établir ces liens. — Lorsque les corporations de toutes les grandes villes seront prêtes pour la grève, le jour où l'on pourra lire ces seuls mots : Paris est en grève! la France laborieuse imitera Paris.

Ces liens seraient dangereux, car ils pourraient fournir

égal pour la République, ils choisissent autour d'eux les corporations les plus pauvres et versent leur offrande patriotique aux mains de leur commission ; que la presse radicale fasse entendre sa grande voix au pays, qu'elle stimule les lenteurs et chasse les sommeils ; qu'elle sollicite pour les travailleurs français, comme la catholicité quête pour les cardinaux romains ; que tout homme de cœur et de bon désir ouvre sa bourse ou tende la main pour la liberté ; et dans quelques mois peut-être devant la monarchie pourra se dresser un peuple, calme, silencieux, les bras croisés, mais formidable dans son mutisme, terrible dans son improduction.

S'est-on jamais demandé ce que serait la grève nationale ? A-t-on essayé d'entrevoir ce tableau solennel du repos d'un peuple plaçant sa main puissante sur la vie sociale et la maîtrisant, l'arrêtant, la supprimant !

Les magasins sont fermés, — il n'y a plus d'employés !

Les constructions inachevées attendent, — il n'y a plus de constructeurs !

Les fournaises des forges sont éteintes, — il n'y a plus de forgerons !

Les mines ne crachent plus de charbon sous les chassepots, — il n'y a plus de mineurs !

prétexte à l'application de l'article 291 sur les associations illicites. Pourquoi se perdre sans nécessité dans les broussailles de la loi !

Les locomotives ne jettent plus dans les airs leur vapeur et leur hennissement, la mousse envahit le rail, le wagon dort sous la remise, — il n'y a plus de mécaniciens !

Il n'y a plus de commerce ! il n'y a plus d'industrie ! — il n'y a plus de transactions, car on ne sait quand ou comment on pourra tenir les promesses échangées ! Il n'y a plus de compagnies pour recevoir, car il n'y a plus de travailleurs pour produire.

Tout est calme, tout est lugubre, tout est mort ! pas une menace, pas une arme, pas une goutte de sang ! — Vingt millions d'oisifs ! une nation qui ne travaille plus, et sous ses yeux quelques impuissants qui s'agitent dans leurs habits brodés, et, confus, sentent qu'on les regarde.

Et manger !...

Avez-vous vu la bouche entr'ouverte des morts ? Avez-vous tressailli à la protestation muette qui s'en échappe ? Avez-vous entendu dans le silence des veillées sépulcrales ce grand cri que jettent les lèvres glacées, cri sans parole et sans souffle, mais qu'on entend !

Au jour de la grande grève, c'est ce cri qui dira à la monarchie : Va-t'en !

La monarchie l'entendra.

Et voici pourquoi elle l'entendra : Le temps des rois-soleils est passé, les fétiches du sceptre et de la couronne sont usés ; devant ces hommes qui passent, personne ne rêve plus au manteau trai-

nant, aux mains de justice, au globe terrestre
tenu à bout de bras, au glaive rigide menaçant
qui le touche, au limbe d'or qui rayonne autour
du front majestueux, à toutes ces féeries, en un
mot, qui ont si longtemps ébloui les enfants et
courbé les hommes; on sait aujourd'hui qui paie
le velours du trône et ce qu'en vaut l'aune; devant
les bottes molles que dans ses portraits porte encore le triomphant, on songe au temps où, frappé
par la loi et soulagé par la pitié de son prédéces-
seur, il usait des chaussures plus modestes; le
sceptre fait penser au bâton du constable qu'il
portait autrefois, et lorsqu'on le voit, jetant à
pleines mains des pièces de cent sous à ses serviteurs, chacun se dit : C'est lui qui a fourni le pro-
fil de l'effigie, mais c'est moi qui ai donné la matière.

Aujourd'hui, on juge son roi ! ô réalisme ! on
pèse ses œuvres, on pèse l'argent qu'on lui
donne, *puis on fait la balance*, et comme la balance n'est jamais juste, on trouve qu'un roi c'est
trop cher. Et alors, on se lève et on lui dit : Sire,
allez-vous-en ! allez-vous-en car vous nous êtes
plus qu'inutile; allez-vous-en, car vous et les
vôtres êtes oisifs au milieu de nous qui travail-
lons; allez-vous-en, car nous ne voulons plus
vous donner nos enfants pour nous faire tirer
dessus, notre argent pour vous faire broder des
bandes au pantalon et des fleurs dans le dos;
allez-vous en, Sire ! vous voyez bien que nous

sommes calmes, vous voyez bien que nous voulons, vous savez bien que nous seuls avons le droit de vouloir! il en est temps encore, Sire; c'est la volonté nationale, c'est le seul souverain que vous connaissiez en France qui vous y invite; allez-vous-en!

Lorsqu'un peuple parle ainsi, sûr de lui, sûr de son droit, sûr de sa force, résolu, le monarque entend et obéit.

Et il fait bien!

Il fait bien, car une fois la détermination prise des grèves nationales, les privilégiés d'aujourd'hui seront les premiers à dire : Sire, il faut sacrifier votre auguste personne aux volontés de la nation; si vous ne le faisiez pas, ô sauveur d'il y a dix-huit ans, il n'y aurait plus désormais de sécurité pour nos rentes, pour notre capital, pour nos entreprises, pour nos biens, en un mot, car, terminée aujourd'hui par l'épuisement des ressources économisées, la grève peut renaître dans six mois, dans trois mois, à quelle époque? Nous l'ignorons, mais elle est éternellement suspendue sur nos fortunes. Nous voyons bien qu'il faut compter avec les producteurs, nous sentons bien que sans eux nous ne sommes rien! ô notre majesté! Cette existence est intolérable, ce n'est plus une vie cela, car nous sommes tous et tous les jours en présence de la ruine possible; et nous n'aimons pas la ruine, ô sire! Il fait bien parce qu'il n'y a contre les révolutions pacifiques ni sabres, ni chassepots, ni canons qui puissent quelque chose, — on ne tue pas le repos d'un peuple, tandis que le repos du peuple tue la monarchie ; et que les plus grands sabreurs du monde finissent tôt ou tard par comprendre qu'une retraite prudente peut parfois avoir son bon côté.

A l'œuvre donc, travailleur ! à l'œuvre, car voici l'aube ; il dépend de toi d'avancer l'heure où doit rayonner le jour.

Nos pères de 1848 et de 1792 furent grands, tu peux être sublime ! Que te faut-il pour cela ? Vouloir !

Vouloir dans la paix !

Vouloir avec la loi !

Ceux qui t'ont précédé dans la lutte sainte contre le despotisme ont offert leur poitrine à la balle, leur sang a rougi le pavé, et c'est dans la fumée sombre des barricades fratricides que par deux fois s'est dressée l'impérissable liberté !

Plus de sang ! plus de colère, la patience et la volonté suffisent. — Tu as eu tous les courages pour tuer ou mourir, sache conquérir le seul qui te manque pour vivre libre : le courage civil. — Impassible dans ta revendication, appuie-toi sur la justice écrite qui te protége ; demande à la fraternité vénérable la force qu'elle offre à tous ; donne au vieux monde étonné de ta calme grandeur l'exemple de la raison dominant la force, de l'union chassant la guerre, du travail tout puissant tuant l'oisiveté par la seule menace de son repos ; et lorsque l'humanité, retrouvant la France libre encore et pour toujours, cherchera les vainqueurs du dernier combat, ô travailleurs de nos grandes cités ! vous pourrez montrer vos mains pures de sang et répondre : — pour triompher de la monarchie, il nous a suffi de nous aimer, de vouloir et de quêter pour la liberté !

Louis Mie.

Périgueux, 9 janvier 1870.

TABLE DES MATIÈRES

Paris. — Impr. Emile Voitelain, rue J.-J.-Rousseau, 61